OBSERVATIONS

SUR

L'AMENDEMENT DE M. ODIER,

RELATIVEMENT AU PROJET

DE L'EMPRUNT DE 80 MILLIONS.

PARIS. —IMPRIMERIE DE MIGNERET, RUE DU DRAGON, N.º 20.

OBSERVATIONS

SUR

L'AMENDEMENT DE M. ODIER,

RELATIVEMENT AU PROJET

DE L'EMPRUNT DE 80 MILLIONS;

PAR ARMAND SEGUIN,

MEMBRE CORRESPONDANT DE L'ACADÉMIE ROYALE DES SCIENCES.

Il n'y a de bonnes combinaisons d'emprunt
que celles dont l'ensemble est réalisable.

PARIS.

MAI 1828.

OBSERVATIONS

SUR

L'AMENDEMENT DE M. ODIER,

RELATIVEMENT AU PROJET

DE L'EMPRUNT DE 80 MILLIONS.

Pour mieux faire apprécier la latitude d'application de l'amendement de M. Odier, j'éprouve de nouveau le besoin de rappeller les principes que j'ai précédemment énoncés, relativement aux conditions qui peuvent seules rendre réalisables les projets d'emprunts.

Pour que des prêteurs veuillent concourir à la réalisation d'un projet quelconque d'emprunt, il faut qu'ils y apperçoivent plus d'avantage pour eux qu'il n'en trouveraient dans le placement de leurs capitaux en celles des valeurs circulantes sur la place qui, étant garanties par le même débiteur, présentent le même degré de solidité.

Ainsi, tant qu'il existera des 3 et des 5 pour cent

en circulation, le capitaliste à placement devra nécessairement faire le raisonnement suivant:

Le cours des 5 pour cent est de 100 fr. (il est réellement de plus de 103 fr., mais il faut en déduire le coupon).

Le cours des 3 pour cent est de 70 fr. (il est réellement de près de 71 fr., mais il faut aussi en déduire le coupon). — Je puis disposer de 100,000 fr. — Si je les place en 5 pour cent, je me ferai un revenu de 5,000 fr., mais je n'aurai pour chance d'augmentation de capital, que les fluctuations de cette valeur sur la place, fluctuations chanceuses sur lesquelles je ne veux pas fonder d'amélioration importante, afin de m'abstenir de toute illusion.

Si je place mes 100,000 fr. en 3 pour cent, je me ferai un revenu de 4,286 fr. qui serait de 714 fr. inférieur à celui que me procurerait un placement en 5 pour cent, mais, par compensation, je pourrai nourrir l'espoir qu'un jour, plus ou moins tôt, j'obtiendrai une augmentation de 42,857 fr. sur mon capital.

Je dois donc d'abord rechercher si cette augmentation possible de 42,857 fr., qui constituerait mon bénéfice, à l'époque seulement de la libération, couvrirait, en capital et intérêts, ma perte annuelle de 714 fr.

Pour établir cette balance, voici la question que je dois me proposer.

Au bout de combien de temps une somme de

714 fr. se renouvellant chaque année, calculée au taux de l'intérêt légal, séleverait elle a 42,857 fr. ?

Des calculs convenables me prouvent que ce ne serait qu'au bout de

28 années. — 5 mois — 1 jour.

Si donc j'encaisse l'augmentation possible de mon capital, au bout de ce temps, ma balance en chiffres ne me présentera, comparativement au placement que je pourrais faire en rentes 5 pour cent circulantes sur la place, ni perte ni bénéfice; mais si cet encaissement n'a lieu que dans un temps plus reculé, je serai comparativement en perte de toutes mes diminutions annuelles de revenus, qui continueront à avoir lieu jusqu'au moment de la libération.

Et en supposant, cas le plus favorable pour moi, que ma libération ait lieu précisément à cette époque, et qu'ainsi ma balance en chiffres ne me présente pas de pertes, j'aurai encore cet immense désavantage, de faire entrer dans cette balance, au taux de l'intérêt légal, mes pertes de revenus, qui, soit relativement à mes jouissances, soit relativement à mon genre d'industrie me représenteraient réellement un taux d'intérêt bien supérieur au taux de l'intérêt légal.

Quoi qu'il en soit, voyons si, dans cet état de choses, je pourrais espérer raisonnablement une juste compensation de ma perte de revenu.

Aujourd'hui il existe, soit en circulation, soit dans l'attente d'une prochaine émission, une quantité de rentes 3 pour cent qui s'élève à 45 millions.

Injustement ou justement on a appliqué à leur rachat les 77 millions de notre puissance amortissante.

Très-probablement, malgré toutes les réclamations, cette application exclusive aura lieu jusqu'en 1830.

Supposons, comme étant la position la plus avantageuse à ma spéculation, qu'au delà de cette époque, l'application exclusive continuera : voici dans cette supposition, contraire toutefois à tous les ordres de probabilité raisonnable, quelle serait la durée de la libération de la masse des 3 pour cent, supposés rachetés à 87 f. 50 c. pour 3 f., taux moyen entre le taux constitué des 3 pour cent et le taux de leur négociation primitive.

15 ans, 6 mois, 24 jours.

Je pourrais donc me confier à cette spéculation, s'il n'existait pas d'incertitude sur la continuation de l'application exclusive de la puissance amortissante, mais ce doute, plus que raisonnable, doit me repousser d'autant plus qu'aujourd'hui il agit d'une manière très-prononcée sur la fixation des cours.

En effet, comme dans les suppositions que je viens de faire, les placemens en 3 pour cent ne présenteraient aucune chance assurée de perte, et qu'au contraire la totalité des placemens partiels présenterait des chances probables de plus ou de moins de bénéfice, ils devraient naturellement être recherchés, et par suite leur cours devrait s'élever; cependant, ce cours reste à-peu-près stationnaire, et il est au-dessous du prix primitif; il faut donc que la pensée : qu'enfin la justice obtiendra une meilleure et plus convenante application de la puissance amortissante retienne les spéculateurs sur cette valeur.

On peut même admettre, comme motif additionnel d'influence sur la paralysation de l'élévation du cours, que les capitalistes trouvent que la diminution de leur revenu ou de leurs jouissances leur représente un taux d'intérêt supérieur au taux de l'intérêt légal.

Ces raisonnemens, que le capitaliste à placement ferait pour sa détermination en placement en 3 ou en 5 pour cent, circulant sur la place, il les ferait à bien plus forte raison pour des placemens en une nouvelle émission de 3 pour cent; et ce que le gouvernement pourrait espérer de plus favorable, relativement à cette appréciation des prêteurs, serait qu'ils négligeassent la perte résultante pour eux de la fixation au taux de l'intérêt légal de la diminution de leur revenu, et conséquemment de la privation de leurs jouissances.

C'est par ces motifs que tout projet d'emprunt

dont les bases n'atteindraient pas une juste compensation des pertes sur les revenus, ne serait pas réalisable, et c'est principalement sous cet aspect que je considérerai l'amendement de M. Odier.

Sous l'aspect de l'augmentation de la puissance amortissante, cet amendement est séduisant, et de nature à attirer les suffrages. Mais, dans son application réelle, et vu les autres bases du projet de loi, auxquelles on l'a lié, il ne peut être considéré que comme une illusion, comme un germe d'amélioration qu'on peut rêver, mais qu'on ne peut raisonnablement espérer.

Serait-ce par ce motif que M. le Ministre des Finances ne l'aurait pas proposé directement? Je ne pourrais l'assurer; si cependant cela était, on ne pourrait lui en savoir mauvais gré.

Mais si sous l'aspect des résultats en chiffres, l'adoption de l'amendement ne peut avoir d'inconvéniens, elle pourrait en avoir de graves sous l'aspect de la pâture qu'il peut donner, préalablement à toute exécution, à l'imagination plus ou moins exaltée des spéculateurs, et aux conséquences des espoirs déçus.

En effet, bien des personnes pourront concevoir l'idée que le ministre, ayant la faculté de choisir entre la création de 3, de 4 ou de 5 pour cent, donnerait, malgré l'énonciation de son opinion, la préférence à l'une ou à l'autre de ces premières valeurs, et ce seul doute contribuerait à diminuer d'autant l'influence du concours d'une partie des prêteurs sur des 5 pour cent.

Tandis que dans l'état des choses, à moins de sacrifier complètement les contribuables, il serait impossible de concevoir l'espoir de se procurer l'encaissement des 80 millions, autrement que par une émission en 5 pour cent. Ce sur quoi je n'ai pas le moindre doute.

Cette opinion semble être aussi celle de M. le ministre des finances : Je crois donc servir utilement sa direction, en prouvant matériellement cet énoncé.

Dans le projet de loi, M. le ministre des finances ne pensait qu'à une création de 5 pour cent.

Comme appât, il avait proposé une puissance amortissante de 800,000 fr. ; elle était suffisante pour une création de 5 pour cent ; il aurait pu même s'en passer, car les 5 pour cent étant au-dessus du pair, et tous les ordres de probabilité étant qu'il ne doivent pas, ou du moins qu'ils ne peuvent qu'infiniment peu, retomber au-dessous, un nouvel amortissement ne pourrait les servir, et n'aurait pour eux aucune application réelle.

Mais nonobstant cette position, peut-être était-il convenable de présenter une puissance amortissante quelconque, ne fût-ce que pour maintenir le principe de l'amortissement jusqu'au moment où il sera bien évident pour tous que, dans notre position, le mode de remboursement serait préférable au mode d'amortissement.

Ainsi, sous cet aspect, le projet est irréprochable, précisement parce que M. le ministre des finances a eu le bon esprit de ne pas baser son espoir de réalisation sur des créations de 3 ou de 4 pour cent, mais seulement sur une création de 5 pour cent; conception que toutes ses déclarations semblent maintenir, malgré les diverses facultés qu'on lui a proposées, et qu'il a acceptées.

M. Odier, aussi estimable par son caractère que par l'étendue de ses connaissances, a pensé que, dans la supposition qu'il pourrait peut-être exister des combinaisons telles qu'elles offrissent plus d'avantages dans la création de 3 ou de 4 pour cent, que dans la création de 5 pour cent, il serait convenant de pouvoir augmenter l'importance de la puissance amortissante proposée, sans toutefois augmenter par trop les charges des contribuables.

En conséquence, il voudrait que la puissance amortissante du projet de loi se trouvât augmentée de toute la portion d'arrérages qui excéderait le besoin d'encaissement des 80 millions.

Voici le texte précis de son amendement :

« Le fonds annuel de 40 millions créé par la loi
» du 25 mars 1817, pour l'amortissement de la
» dette fondée, sera augmenté, à compter de la
» même époque du 22 mars 1828, 1.° de 800,000 f.
» 2.° de la portion que le résultat de la négociation
» rendra disponible sur la création des 4 millions
» de rente, autorisée par la présente loi, sans toute-

» fois que la somme à payer annuellement par le
» trésor, pour le service des intérêts et de l'amortis-
» sement, puisse s'élever à moins de 4,800,000 fr. »

Pour apprécier la possibilité de réalisation de
cet amendement, dans notre état de choses , nous
devons nous faire cette question :

L'augmentation d'amortissement résultant des
dispositions de l'amendement serait-elle suffisante
pour rendre réalisable l'emprunt de 80 millions,
tenté, soit sur des 3 ou sur des 4 pour cent, soit sur
toute autre valeur à taux d'intérêt intermédiaire
entre 3 et 5 pour cent.

Les solutions de cette question, que j'ai appliquée
à tous les cas possibles, répondent de la manière
la plus positive :

« NON,

» cet accroissement ne serait pas suffisant. »

Ainsi, malgré toutes les facultés accordées à
M. le ministre des finances , facultés qui ne peuvent que le flatter et l'honorer, il se retrouvera
dans le premier cercle, où volontairement il s'était
placé, savoir : emprunt sur des 5 pour 100.

Pour mieux faire apprécier cette proposition,
en ne surchargeant pas toutefois l'attention de mes
lecteurs, je me bornerai à la présentation des dé-
tails de deux positions bien tranchantes, savoir :
tentatives d'emprunt, soit sur des 3 , soit sur des 4
pour 100.

PROJET D'EMPRUNT
SUR DES 3 POUR CENT.

On obtiendrait un encaissement de 80 millions, en ne vendant qu'une portion d'une valeur de 4 millions de rentes 3 pour 100, et en les négociant à un taux intermédiaire entre 60 f. et 100 f. pour 3 fr.

Plus le taux de la négociation serait élevé, et moins la portion des 4 milllions de rente 3 pour cent consacrée à l'emprunt sera considérable ; ainsi, si on négociait à 60 fr., les 4 millions de création seraient entièrement consacrés à l'emprunt, et il n'y aurait aucune réserve.

Si on négociait à 100 francs, il n'y aurait que 2,400,000 f. de rentes consacrés à l'emprunt, et la résevre serait de 1,600,000 f.

Si enfin on négociait à 80 f., terme intermédiaire entre les deux extrêmes, 60 et 100, il n'y aurait que 3 millions consacrés à l'emprunt, et la réserve serait de un million.

On peut donc, pour déduire des conséquences fondées, supposer autant de cours qu'il y en aurait d'intermédiaires entre 60 et 100. M. Odier suppose la négociation au cours de 71 f. 85 c. pour 3 f. Je ne sais si cette fixation est arbitraire de sa part ; comme il n'en explique pas les motifs, je n'ai pu ni les deviner, ni même les pressentir.

Quoi qu'il en soit, je la prends, comme suffisamment motivée, et je la choisis comme point de départ.

Pour obtenir 80 millions sur des 3 pour cent négociés à 71 f. 85 c. pour 3 f., on doit employer 3,340,000 f. de rentes. La création est de 4 millions, il y aurait donc, après le service des arrérages, un excédant annuel de   660,000 f.

Le joignant à la création primitive
de la puissance amortissante, qui est de   800,000 f.

La puissance amortissante s'éleverait à   1,460,000 f.

Dans un ordre raisonnable de probabilités, on peut admettre que le taux moyen des rachats serait de près de

86 f. pour 3 f.

Prix moyen entre le taux constitué et le taux d'émission.

La première question à résoudre serait donc celle-ci :

Combien faudra-t-il de temps pour, avec une puissance amortissante de 1,460,000 f., éteindre 3,340,000 f. de rentes 3 pour cent, rachetées au taux moyen de 86 f. pour 3 f. ?

Des calculs convenables prouvent que ce rachat exigerait une durée de

35 ans. — 4 m. — 24 j.

Il faut maintenant voir quelle serait, dans cette position , le résultat de la balance à établir par le prêteur , pour fixer sa détermination de concours.

En plaçant 71,850 f. dans l'emprunt, il s'assurerait un revenu de 3,000 f.

En achetant pour la même somme des 5 pour cent à 100 f. , il se procurerait un revenu de 3,592 f.

Sa perte en revenu , pour concourir à l'emprunt , serait donc de 592 f.

Dès-lors le problême à résoudre pour lui serait celui-ci :

A quelle somme s'éleverait, au bout de 35 ans, 4 mois , 24 jours , une somme annuelle de 593 f. calculée au taux de l'intérêt légal ?

Des calculs convenables prouvent que cette somme s'éleverait, à cette époque, à
54,850 f.

En supposant les chances les plus favorables pour les prêteurs , savoir : la libération au pair, il n'encaisserait , en bénéfice de capital, que
28,150 f.

Il éprouverait donc une perte brute de
26,700 f.

Ou, ce qui est l'équivalent, il éprouverait, sur son capital primitif, une perte nette de plus de
37 pour 100.

Un tel emprunt ne serait donc pas réalisable,

parce qu'une très-grande partie des prêteurs aurait la chance assurée d'une perte inévitable, tandis que l'emprunt ne pourrait être réalisable qu'autant qu'aucun prêteur ne pourrait avoir de chances assurées de pertes.

PROJET D'EMPRUNT

SUR DES 4 POUR CENT.

Voyons maintenant si un emprunt fait sur des 4 pour 100 aurait plus de chances de probabilité de réalisation.

M. Odier admet que pour encaisser les 80 millions, on négocierait les 4 pour cent à 86 f. 17 c. 8 dixièmes.

Je ne sais pas davantage par quels motifs il s'est arrêté à ce taux ; quoi qu'il en soit, je le prends comme point de départ.

Les arrérages d'un emprunt de 80 millions, fait sur des 4 pour cent, au taux de négociation de 86 f. 17 c. 8 dixièmes pour 4 f., serait de

$$3,713,000 \text{ f.}$$

L'émission serait de
$$4,000,000 \text{ f.}$$

La retenue serait donc de........   287,000 f.
y joignant le fonds primitif d'amortissement de.....................   800,000 f.

la puissance amortissante serait de..   1,087,000 f.

Dans un ordre raisonnable de probabilités, on peut admettre que le taux moyen des rachats serait de

93,089 f. pour 4 f.

Prix moyen entre le taux constitué et le taux d'émission.

La première question à résoudre serait donc celle-ci :

Combien faudrait-il de temps pour, avec une puissance amortissante de 1,460,000 f., éteindre 3,713,000 f. de rentes 4 pour cent, rachetées au taux moyen de 93,089 f. pour 4 f. ?

Des calculs convenables prouvent que ce rachat exigerait une durée de

31 a. — 3 m. — 29 j.

Il faut maintenant voir quelle serait, dans cette position, le résultat de la balance à établir par le prêteur, pour fixer sa détermination de concours.

En plaçant 86,178 f. dans l'emprunt, il s'assurerait un revenu de.................. 4,000 f.

En achetant avec la même somme des 5 pour cent à 100 f., il se procurerait un revenu de........................... 4,309 f.

Sa perte en revenu, par son concours à l'emprunt, serait donc de.......... 309 f.

Le problême à résoudre pour lui serait celui-ci :
À quelle somme s'éleverait, au bout de 31 a.

5 m. 29 j. , une somme annuelle de 309 fr. , calculée au taux de l'intérêt légal ?

Des calculs convenables prouvent que cette
somme s'éleverait, à cette époque, à

11,343 f.

En supposant les chances les plus favorables
pour le prêteur, savoir : la libération au pair, il
n'encaisserait, en bénéfice de capital, que

6,911 f.

Il éprouverait donc une perte brute de

4,432 f.

Ou, ce qui est l'équivalent, il éprouverait, sur
son capital primitif, une perte nette de plus de

5 pour 100.

Un tel emprunt ne serait donc pas réalisable,
parce qu'une partie des prêteurs aurait la chance
assurée d'une perte inévitable, tandis que l'emprunt ne pourrait être réalisable qu'autant qu'aucun prêteur ne pourrait avoir de chances assurées
de perte.

Il est donc évident que, sous l'aspect matériel,
l'amendement de M. Odier ne peut présenter ni
avantage ni désavantage, parce que son application ne peut être réalisable ; sous ce rapport, on
pourrait le considérer comme nul et non avenu,
et l'on pourrait, sans conséquence, s'abstenir de
toute réflexion à son égard ; mais il pourrait avoir

le grand inconvénient d'échauffer de nouveau les têtes, en alimentant, dans quelques-unes d'elles, l'espoir qu'on pourrait s'attacher, pour l'emprunt, à des émissions en 3 ou en 4 pour cent, et en maintenant du doute sur la question de savoir : si, dans l'état des choses, il serait moins avantageux pour le trésor de faire des emprunts sur des 5 pour 100 au pair, que des emprunts réalisables sur des 3 ou sur des 4 pour 100 ; question dont la solution me semble d'une évidence absolue, et qu'on laisserait dans le vague du doute, par la latitude qu'on a donnée au ministre d'user, s'il le jugeait convenable, d'un semblable mode.

De tout ceci, on peut conclure que, ne voulant pas ou ne pouvant pas pour l'instant se rattacher à la présentation d'un plan d'ensemble sur notre situation financière, les bases présentées par M. le ministre des finances sont plus sages et plus convenables qu'aucune de celles qui sont nées de la discussion ; qu'en y persistant, le ministre obtiendra le moins désavantageusement possible pour l'État tout ce qu'il désire ; et que, dans cette position, n'ayant heureusement préjugé aucune des questions importantes qui se présenteront incessamment, nous devons attendre avec confiance que le plus promptement possible il présentera, à la discussion des Chambres et du public, un plan d'ensemble, si généralement désiré, parce qu'il deviendrait notre espoir fondé de salut.

Armand SEGUIN.